I0695488

ROSAS MARCHITAS

THE MIKA KING

LIBRO DE POEMAS Y
ILUSTRACIONES

Michael Spehner Ortiz - The Mika King-
2023.Spain.

Rosas Marchitas
The Mika King.

Esta obra ha sido publicada por su autor Michael Spehner Ortiz coon nombre Artistico The Mika King,No se permite la reproduccion total o parcial de este libro asin como sus versiones extendidas,ilustradas,o en otros formatos,por cualquier medio que sea,sin el permiso previo y por escrito del autor.Segun Ley contra la propiedad intelectual.

The Mika King.2023.Poemas realizados entre 2017,2020,2023.
Ideas,Textos,Maketacion,Ilustraciones,Dueño del Libro - Rosas Marchitas- Asin como todas sus versiones extendidas,ilustradas,transformadas,y publicadas en libros,cds,cine,cortometrajes o largometrajes de propiedad - Michael Spehner Ortiz , De nombre Artistico The Mika King,Spain,2023.

Youtube- The Mika King
Instagram-@themikakingsupremo
Twiter- @themikaking
Tik Tok- @themikakingart
Spotify- The Mika King
Facebook- The Mika King
Gmail-themikakingxx@gmail.com

Primera Edicion- 2023.

EL IDIOMA DE LAS ROSAS

Michael Sphener Ortiz

The Mika King

Libro De Poemas

SPAIN,2023,Primer Edicion.

01.POEMA.
No Sabes Como Te Necesito

No sabes como necesito tu voz;

necesito tus miradas

aquellas palabras que siempre me llenaban,

necesito tu paz interior;

necesito la luz de tus labios

!!! Ya no puedo... seguir así !!!

...Ya... No puedo

mi mente no quiere pensar

no puede pensar nada más que en ti.

Noches Enteras Sin Dormir es Este Mi Dolor

Mi Maldicion Por Amarte De Verdad

Es Tan Triste Que Creo Que Es Irreal

Pero no Puedo Engañar Mis Lagrimas En

Mi Soledad.....

Como si cada beso.

mis adioses.

Besémonos, Abrasemonos, te amo.

Quizás ahora sea el momento para nosotros.

La mano que llama está en el hombro.

En dirección al barco que sólo lleva carga vacía.

También en el mismo paquete.

Describe lo que compartimos.

También Como Lo Ago yo En Mis Poemas o Canciones.

02. Poema.
Solo Nuestro Cuerpos Desnudos

NI RECUERDOS NI SIGNOS:.
CANTA SOLO MIENTRAS ESTÁ PRESENTE A MI LADO DESNUDA.

NO HAY SILENCIO NI PALABRAS:.
CASI PUEDO OÍRTE HABLAR CONMIGO CARA A CARA.

TANTO LOS LABIOS COMO LAS MANOS GUARDAN SILENCIO.
SÓLO DOS CUERPOS DESNUDOS.
SEPARADOS EN EL HORIZONTE DE NUSTRAS MENTES.

TANTO LA LUZ COMO LA OSCURIDAD ESTÁN AUSENTES.
SIN MIRAR NI ABRIR LOS OJOS.
VISIÓN. LA VISIÓN DEL ALMA.
LA VISION DE TU AMOR REAL Y PURO QUE CURA ESTE
CORAZON TRISTE Y MORIVUNDO DE AMOR...
O QUIZAS SEA SOLO MI IMAGINACION INGENUA Y VAGA.

Mi corazón inocente, que se inclina ante tu bondad.
No está destinado a ser destruido por tus tiernas manos.
Mi modesto don trae alegría a vuestros ojos.

Mi cuerpo agotado en el jardín sombreado.
Las auras de la mañana estaban húmedas de rocío.
Me escabullo a tu lado como en la calma de un sueño.
el momento esquivo que anhelo estar en reposo.

Como tormenta espiritual dentro de mis templos Interiores..
Me sentaré y acariciaré tu espeso cabello.
Mi frente adormecida sobre tu escote.
Se escucha el latido de tus últimos besos.
Te Tengo En Mi Mente Como Loco Enamorado.
Sufro.Rio.Lloro.
Tu Cuerpo Cubierto De Rosas Rojas.Negras.Sabanas de Seda.

03. Poema
Te Amare Siempre

¿Cómo te expreso mi amor en unas pocas líneas?
o Quizas En Miles De Lineas y Frases.
Lo que dormía en tu alma ascenderá al cielo por mi boca
porque tu pecho basta para mi corazón y tus alas bastan para
mi libertad. Te he amado antes, todavía lo hago, y si me dejas,
te amaré siempre. Estoy dispuesto a no abrir nunca los ojos si
eso significa que solo puedo verte en mis sueños.
Aunque Mi Sueño Sea Eterno Inmortal Imaginario.
Dime Que EsEsto Que Me Ases Sentir En Mi Corazon.
Te Amare Siempre.
Sentir El Tacto De Tus Dedos Tus Manos
La Pasion De Tus Besos Tu Mirada Real y Pasional.

Este modesto silencio es amor.
Sin tu conocimiento, cerca.
y cuando vayas Oir tu voz.
y recibir la calidez de tus Besos.

Esperar por ti es amar.
como si fueras parte del sol poniente.
o Luna En La Noche Larga.
ni antes ni después, dejándonos solos a nosotros dos.
entre juegos y Pensamientos.
Sobre Tu Cuerpo Pelo Piel Corazon.
Silencio y Silencio Esperando Una Respuesta Tuya
Sediento De Tu Amor...
y Yo Moriria Por Tu Amor Eterno.
Escribo Poemas Como Un Muerto En Vida
Porque Siento Que Este Amor Nuca Llegara.

04. Poema
Tu Amor Mi Muerte

De vez en cuando tengo ganas de ser Como Soy
Amor Verdadero,Pasion Como Fuego Inmortal.
Que decir: Tienes mi amor eterno.
De vez en cuando Quiero Actuar como un Caballero
Otras Como Un Poeta,Otras Como Un Rebelde.
¡La amo tanto que debería Gritar o Lllorar,Quizas Callar.

A veces Desearía poder ser Una Rosa En Tu Jardin
Asin Sin Tu Saberlo Me Cojerias Con Tus Manos.en su pecho.

A veces Desearía estar muerto,Porque No Te Tengo.
, Sentir,Tu Mirada.
Bajo La Nochey Las Estrellas
Para mí. florece una flor En Mi Corazon
mi corazón en pedazos,Llanto.
Regalarte Una Flor y Un Poema Decir:.
Esta flor es para ti.
Este Poema Es Para Ti.
Este Corazon Es Tuyo.
Este Dolor Mio Tambien.

Sin saber de usted, no quiero fallecer.
Sin Saber a Que Saben Tus Besos.
No quiero que mi alma se Confunda Cuando Muera.
Estar perdido en otras playas, consciente de que eres única
En Mis Sueños e Imaginacion.

No Quiero morir sintiéndome Asin.Confuso.
a Través Del arco infinito de Esa deprimente cúpula.
Donde Tus sueños habitan en el calor de Mis mediodías.
De Mis Libros,Pinturas,Poemas,Fuego Interior.

05. Poema.
Tus Heridas Mis Heridas

Quien afirma que el olvido es causado por la ausencia.
debería olvidarse por completo.
el amante leal y firme.
Ama Asta El Final.Ama De Verdad.
Se pierde aún más sin él.

despertar el sentido de la memoria.
Su cuidado se ve incrementado por su soledad.
estar tan lejos de su bien.
te hace querer más.

Sus heridas no mejoran; permanecen abiertos.
incluso cuando cesa la mirada que los impulsó.
si continúan firmemente arraigados en el alma.

eso si uno tiene múltiples puñaladas.
principalmente porque el individuo que lo apuñaló se da a la fuga.
No serán tratados más eficazmente por esto.
Dificil Entender El Amor Verdadero.
Solo Se Que Tus Heridas Son Mis Heridas.
Que Te Amo En Esta Vida y En La Otra.
Siente Mi alma.
Piensa En Mi.

Y por fin, por fin.Despues De Tanto Esperar
ni alegría ni tristeza.
Tanto Llorar,Sufrir.
Nada, ni siquiera la vida o la muerte.
Sólo amor, nada más.
Darte Amor y Amor.
Me Da Igual Todo Lo Demas.
Si No Te Tengo No Quiero Nada.

06. Poema.
Valiente o Cobarde Por Tu Amor

TEMBLAR, ATREVERSE, ENFURECERSE.

ÁSPERO, SENSIBLE, LIBERAL, EVASIVO.

ALENTADO, FATAL, MUERTO Y VIVO.
LEAL, ENGAÑOSO, VALIENTE Y COBARDE.

NO DESCUBRIR FUERA DE UN BUEN CENTRO Y DESCANSAR.

PARECER ALEGRE, ABATIDO, MODESTO O ALTIVO.

FURIOSO, VALIENTE Y EVASIVO.

TRISTE ALEGRE.
CONTENIDO, OFENDIDO Y SOSPECHOSO;.

ESCAPANDO DE LA EVIDENTE DECEPCIÓN EN EL ROSTRO.

EL REFRESCO EQUIVALENTE AL VENENO.

OLVIDA EL BENEFICIO Y ADORA EL DAÑO.
QUE COBARDE NO SUPE AMARTE.
DOLOR QUE ME QUEMA.

CREO QUE UN CIELO EN UN INFIERNO ES APROPIADO.

PROPORCIONAR UNA DECEPCIÓN CON LA VIDA Y EL ALMA.

QUIEN PRUEBA ESTO SABE QUE ES AMOR.

ROSAS NEGRAS DE DOLOR.

Estoy tan enamorado de ti que quiero llorar.

Porque tú me diste la vida, quiero morir.

Pero Siento Que No Se Amarte.

Oh, amor mío, ¿habrá alguna vez paz para mí?

Todo lo que tengo se expresará así.

Llorar es todo Lo que significa Este Amor.

Lo que me sucederá en el futuro es algo que ni siquiera sé.

Todo me dice que moriré de amar.

la desesperación que trae el amor.

No tenía idea de lo que era el amor.

No estoy contento, así que ahora lo entiendo.

Muero En Cada Verso Que Te Escribo.

07. Poema.
Dime Que Ardes Por Mi.

Por favor dime qué está ardiendo y por qué.
Tengo un anhelo puro e interminable.
Abrázame para siempre en tus labios.
No Me Dejes Nunca.
Y dejarme perder en tu espíritu y en el ambiente acogedor.
Recibiendo de tu alma pura.

Hubo una época diferente en el pasado.
¿No es nuestra existencia sólo un ser?
Posiblemente el centro de un planeta extinto.
Le dio a nuestro amor un nido en sus confines.
¿Cuándo vimos huir la eternidad?
Sin Ti No Soy Nada,Nada.

Has sentido que yo también te gusto, ¿verdad?
El latido más dulce en el pecho.
Con que la pasión anuncia su fuego:.
Amémonos unos a otros, porque el vuelo está por partir.
Ascenderemos alegremente al cielo.
Una vez más, ¿cuándo nos pareceremos a Dios?
Inmortal Junto a Tu Amor.
Inmortal En Este Poema.

Inmortal En Mis Libros.
Inmortal En Tus Besos.
Asin Quiero Sentirme

El sol siempre podría estar cubierto de nubes.
En un instante, el mar puede secarse.
¿Podría inclinarse el eje de la Tierra?
un cristal débil, por ejemplo.
Pero yo Nunca Dejare De Amarte.

Muerte incluida, todo pasará.
Cúbreme con tu Pelo Largo.
Con Tus Fuertes Abrazos y Besos.
Yo, sin embargo, no puedo dejarlo pasar.
La llama ardiente de tu amor.

08. Poema.
Lloro Por Ti Si.

Llora en silencio mi alma solitaria,
excepto cuando está mi corazón
unido al tuyo en celestial alianza
de mutuo suspirar y mutuo amor.
Es la llama de mi alma cual lumbrera,
que brilla en el recinto sepulcral:
casi extinta, invisible, pero eterna...
ni la muerte la puede aniquilar.

¡Acuérdate de mí!... Cerca a mi tumba
no pases, no, sin darme una oración;
para mi alma no habrá mayor tortura
que el saber que olvidaste mi dolor.

Oye mi última voz. No es un delito
rogar por los que fueron. Yo jamás
te pedí nada: al expirar te exijo
que vengas a mi tumba a llorar.

Amame y yasta,Olvida todo lo demas.

9. Poema.
Sufrimientos...

El amor, la piedad y la compasión son todos necesarios.
Amor piadoso que no nos somete a sufrimientos interminables.
No te desvíes si amas un solo pensamiento.
que eres perfecto, desenmascarado e impecable.
Por favor permítame completarlo. ¡Sé todo mío, todo!
Esta forma, esta gracia y este pequeño placer.
del amor que se expresa en tu beso. Ese par de manos y ojos divinos.
ese cofre acogedor, luminoso y agradable.
Dámelo todo, incluso a ti mismo, por misericordia.
Debo recibir un átomo o pereceré.
De lo contrario, no seré más que tu aborrecible esclavo.
En la bruma del dolor inútil, olvídalo.
las razones de vivir y lo que encuentro atractivo.
¡Me estoy perdiendo en mi propia ambición ciega e insensibilidad!

Respecto al amor, me gustaría escribirle.
Domar el lenguaje rebelde e insultante.
Con palabras que se utilizaron simultáneamente.
Notas y colores, además de suspiros y risas.lagrimas.

Sin embargo, dado que no hay un número, luchar no tiene sentido.
Capaz de confinarlo, y simplemente, ¡oh, qué encantador!
Sí, estoy sosteniendo tu corazon.dolor.
Podría cantártelo solo en tu oído.

10. Poema.Me Encanto Tu Mundo

Cualquiera puede decir: "Me encantó".

Esta sombría realidad es esa.

El mundo es una quimera, todo lo que hay en él.

La verdadera suerte no existe.

sin sensación persistente.

"Me encantó" denota: –Nada.

Nunca es suficiente para un hombre:.

La pasión más delicada.

un voto de la más alta reverencia.

El viento y el humo son ellos. ¡eso es todo!

Nostros Somos inmortales en nuestro Amor

poemas y pasion

En estos poemas,libros,besos
dolor y amor real y verdadero
mi vida sin ti no es nada,nada,nada.
Tu eres mi mundo mi vida

11.Poema.Camina A Mi Lado

Sígueme a dar un paseo.
La única alma inmortal bendita es la tuya.
Una vez disfrutamos de las frías noches de invierno.
Sin testigos. Tropezando en la nieve.
¿Reanudaremos esas gratificaciones anteriores?
Las siniestras nubes se mueven rápidamente.
La sombra de las montañas.
Como fue hace mucho tiempo.
Sobre el horizonte indómito para perecer.
Bloques que están enormemente apilados:.
Mientras la luz de la luna se precipita.
Como una sonrisa furtiva y nocturna.

Camina a mi lado.
Estuvimos aquí no hace mucho.
La muerte. Sin embargo. Se ha robado nuestro grupo.
Como el rocío se lo lleva el alba.
Dejó caer los líquidos al vacío uno a la vez.
Hasta que solo quedaron dos:.
Pero mis emociones todavía están en un instante.
Dado que están fijados en ti.

No hagas valer tu presencia aquí.
¿Cuán verdadero puede ser el amor humano?
¿Puede la amistad florecer marchitarse primero?
Después de un largo período de tiempo. ¿Revivir?
No. aunque estén bañados en lágrimas.
Su tallo está cubierto de mopas.
La fuente de vida ha desaparecido.
Y el verde ya no aparecerá.
Más seguro que el horror climático.
Tan inevitable como las cuevas.
Y los lugares donde residen los muertos.
El tiempo. que es implacable. divide todos los corazones.

Mi Tiempo,Nuestr tiempo,

MI AIRE TU AIRE,TU Y YO,YO Y TU,NADA MAS.

12.Poema.Noche Azul.

Como la bóveda de la noche, tienes mi amor eterno.

¡Oh vaso doloroso, gran taciturno!

Y cuanto más te alejas de mí, más te amo, amor mío.

y más atractivas me parecen mis noches.

Irónicamente, prolongan la separación.

que separa mis brazos de la inmensidad del azul.

Intensifico mis ataques y progreso.

como un coro de gusanos junto a un cadáver.

Y me preocupo profundamente por ti, bestia viciosa

Azul,Rojo carmin de tus labios,Corazon,

Incluso tu frialdad, que te hace parecer más bella.

Deja prosperar el amor y la pasion como azul del mar,

azul cielo,Azul de rosas,Porque te amo.

TE AMO TANTO COMO MI VIDA,AUNQUE NO ME CREAS CREEME

ESTE AMOR ES REAL,ES AZUL

13.Poema.Perlas De Corazon

Las perlas se pueden encontrar fácilmente en su pecho.

Aunque no soy buceador.

Tiene una frente ideal para tronos.

Pero me falta tus brazos.

Su corazón sería un buen hogar.

Yo, un gorrión, construí allí.

acompañado de la dulzura de las ramas.

mi nido siempre verde.

eres reyna,pricesa,mujer,hermosa,educada.

para mi eres una perla del mar imposible de encontrar.

Sufro por tu frialdad cuando no crees que te quiero o amo

este dolor tan duro solo dios lo comprende

y que podre aser,nada,amar y amar,creer,esperar,llorar,luchar.

PERO DIME QUE ME AMARAS ALGUN DIA, LO INTENTARAS, PORQUE PUEDO

MIRARLO EN TUS OJOS Y PALABRAS, BESOS, DIME LA VERDAD, PORQUE PARA

MI ERES UNA PERLA.

14.Poema.Corazon

Querido corazón. creo que el apasionado joven sacerdote tiene razón.

después de salir por primera vez del santuario secreto.

confinado en la Eucaristía a su Dios.

junto con el vino espantoso, y consumiréis el amor.

Él no experimentó el mismo nivel de horroroso asombro que yo.

un momento en el que nuestros amorosos ojos se encontraron.

el tiempo inicial.

antes de agacharme a tus pies toda la noche.

Hasta que perdiste el interés en mi entusiasmo.

Si tan solo te hubiera gustado menos. Dios mío.

además de que me ames más.

durante esos felices y lluviosos días de invierno.

No habría recibido ninguna herencia del dolor.

ni un peón en la casa del sufrimiento.

Cara blanca. a pesar de ese arrepentimiento.

del sirviente del joven.

Yo lo seguía de cerca junto a su séquito.

Me alegro de haberte amado gracias a él; considera todo.

soles que se transformaron en una historia de amor.

Te he estado buscando todo el día y toda la noche.

sin descubrir dónde cantas.

Te he buscado arriba y abajo, así como también el río.

Has estado sollozando incontrolablemente.

Te he buscado día y noche.

sin localizar tu punto de llanto.

Porque soy consciente de tus lágrimas.

Sólo necesito mirarme en el espejo.

para ser consciente de tu llanto y de tu llanto anterior por mí.

El llanto sólo lo detienes tú.

15.Poema.Cartas De Amor.

Todas las cartas de amor lo son.
ridículas.
Si no lo fueran. no se considerarían cartas de amor.
ridículo.

También he escrito cartas de amor en el pasado.
así como los demás.
Dolor sobre papel.

Si hay amor. las cartas de amor.
Son necesarios.
Lagrimas y llanto.

Sin embargo. al final.
Esos seres solos que nunca enviaron cartas románticas.
de hecho ellos son.
Personas sin Amor.

Quien alguna vez me dio tiempo para escribir.
sin darse cuenta.
Cartas de amor.Mi imaginacion crecio.mi corazon.mi personalidad

Los recuerdos de hoy son. de hecho. ciertos.
dentro de esas cartas de amor.
de hecho ellos son Todo en mi.

Todas las palabras confusas.
comparable a las emociones suaves
En mis cartas de Amor sobre mis cuadernos inmortales
sobre noches eternas.

Cualquier mujer que no recibio cartas de amor de un hombre no

conoce el amor ni la verdad,ni la dignidad.

Nos desnudamos mucho entre mis cartas

hasta tener pérdida sexual.

Debajo de la cama.

Quedamos tan expuestos.

Que las moscas juraron.

Nuestra desaparición, es decir todo tan confuso

cartas de amor,pasion,separacion,comfusion,sexo.

16.Poema.Voz Humana.

Sería bueno escuchar una voz humana.

que en lugar de confesar un pecado, confesó la infamia.

¡No un acto violento, sino cobardía, que él contaría!

Si los escucho y me hablan, todos son el Ideal.

¿Quién en este vasto mundo está dispuesto a admitirme que lo ha hecho?

¿Alguna vez has sido vil?

Pues perdoname mi amor.

¡Vaya, ya estoy harto de los semidioses!

¿En qué parte del mundo se puede encontrar amor de verdaad

No lo se aun...

Es posible que las mujeres no los hubieran apreciado.

Podrían haber sido engañadas.. pero ¡lo ridículo nunca lo es!

Y yo, que me he comportado de forma absurda pero no traicionera..

¿Cómo podré hablar con mis amores sin dudarlo?

Y pedir perdon,compresion,piedad,una voz humana

en este mundo tan duro y incomprendido,cruel,vanidoso

quiero un amor real de verdad nada mas

El amor casi siempre está rodeado de caprichos.

del olvido, avanzar con decisión en dirección a las trampas.

creado con una piel de leopardo para cazar osos.

incluso serpientes cubiertas de plumas de cóndor.

Los rugidos y las heridas no detienen el amor.

volando, los envidiosos de los venenosos.

El amor es amor y dolor al mismo tiempo.

17.El poeta Gris.

El poeta es un fraude.
Así que finge completamente.
que incluso hace afirmaciones dolorosas.
su sufrimiento real.

pero al mismo tiempo es amor real,gris,oscuro,luz,dolor

también los que leen sus escritos.
Experimentan dolor, como puedes leer.
no los dos en los que habita el poeta.
sin embargo, el que aún no han experimentado.
o si,es la cuestion....
Luego continúa su camino.
explicación que distrae.
la última parada de ese ambiguo tren.
que se conoce como el corazón.

PoETA GRIS, REAL O IRREAL, DALI O PICASSO...

DOLOR O RRISA.

VERDAD O MENTIRA.

18.Poema.Ojos Verdes De Dolor.

Lo extraño por tus ojos verdes.

Princesa entre los que leen Ulises, sabia.

Tenía miedo y estaba enamorado.

Lo anhelo por tus ojos verdes.

Qué, efímero, para tus ojos verdes.

Típicamente, a veces con melancolía;

Por tus ojos verdes calmantes, humildes y leales.

Misterioso como mi esperanza.

Por el poder de tus ojos verdes.

Siempre me salvaría.

Detras de mis pensamientos,mi vida,mi dia a dia

Estas tu constantemente.

Tus ojos verdes en mis poemas.

Pero me despierto y no existes es todo tan triste.

Te bas cuando despierto,te busco pero no te encuentro

Poeta ingenuo,tonto,lleno de fantasia,solo existes en mi
mente,poemas,canciones e imaginacion.
En mis pinturas,cuadros,sueños.
Pero no hay nada mas.
Este dolor de tus ojos verdes es solo mio.

19.Es Algo Dulce.

La gente dice que miento o finjo.
en cada pieza que escribo. No.
Justo como me siento.
con creatividad.
No confío en mi corazón.
no comfio en nadie.
Lo que experimento en mis sueños y en la vida real.
lo que me falta o llega a su fin.
Como una tormenta.
lo que resulta en otro desarrollo.
Es algo dulce.
o amargo.
Por eso escribo en el medio.
de aquello que no está en pie.
Ahora estoy libre de mi cadena.
si no es grave. entonces lo es.
¡Quienes leen deberían sentir!

20.Poema.Poemas Triste y De Pasion.

Como si estuvieras sola, te quitas la ropa.

y de repente te das cuenta que estás conmigo.

entonces, como te amo.

entre las mantas y el frio!

Poemas tristes y de pasion.

Empiezas a actuar de forma extraña al coquetear conmigo.

y creo un mundo imaginario y acogedor para ti.

Creo que soy tu otra parte.

que tú también me engañas creo.

es el juego del amor,mentiras verdades.

Amor y dolor.

21.Poema.Parece que se olvida.

CUANDO SE MANIFIESTA, AMOR.

SE DESCONOCE REVELARLO.

ÉL ES HÁBIL EN CÓMO LA MIRA.

SIN EMBARGO, LE FALTAN PALABRAS PARA HABLAR DE ELLA.

UNA PERSONA QUE QUIERE EXPRESAR SUS SENTIMIENTOS.

ÉL DESCONOCE SU PRÓXIMO ANUNCIO.

PARECE ESTAR MINTIENDO MIENTRAS HABLA.

CALLA: PARECE QUE SE LE OLVIDA.

AH, PERO SI ELLA LO HUBIERA ADIVINADO.

SI TAN SOLO PUDIERA VER U OÍR.

SI BASTARA UNA SIMPLE MIRADA.

SER CONSCIENTES DE SU AMOR POR ELLA.

PARECE QUE SE OLVIDA QUE LA AMO.

22.Poema.En Tus Ojos.

Tu Contacto Visual

Tu mirada inmortal..

Mi corazon enamorado de tus ojos

mi dolor como frio en invierno,nieve blanca,tristeza eterna,

pero te amo tanto,solo dios lo sabe.

Tanto Dolor,Tantas Lagrimas...

Dia y Noche...

Mes Tras Mes..

Dia Tras Dia.

23.Es Posible.

Preferiría no saberlo. Me estás apelando.

Escondido y aterrorizado, me mira de costado.

Entonces es posible que suponga que te estás escondiendo.

De nada, ya sea de mi parte o de usted.

de las tentaciones contra las que dicen estar luchando.

La mujer casada.

Eso creo en mi mente tonta.

No lo se que ocurrira

Entre mis lagrimas y pensamientos.

Quien quiera que sienta algo fuerte, que guarde silencio.
que quiera expresar lo que siente.
Se queda sin palabras y sin alma.
¡Solo queda completamente!

Sin embargo, si puedo compartir esto con tigo.
Se supone que no debo decirte qué.
Ya no estoy obligado a hablar con élla
Hablé con élla, por eso.

24.Cuidar De Ti.

Yo.

Nunca crié rebaños.

Sin embargo, parece que los conservó.

Como un pastor, es mi alma.

Bienvenida al sol y al viento.

También pasear al lado de las estaciones.

Y cuidar de ti.

Naturaleza deshabitada en toda su tranquilidad.

Élla se une a mí en la cama.

Pero estoy tan abatido como una puesta de sol.

Para el uso de nuestra imaginación.

Entre mis libros canciones y dolores.

Lloro y lloro,nadie me entiende.

No tienes idea de cuánto valoro tu voz.

Quiero tu buena apariencia.

esas son las palabras que siempre me han llenado.

Debes encontrar la paz interior.

El brillo de tus labios es lo que necesito.

¡No puedo seguir así para siempre!

Estoy en mi límite ahora.

Mi cerebro se resiste a pensar.

No se me ocurre nadie más que tú.

Que se supone que devo aser.

Con Este sufrimiento sin tus besos.

25.Puedo Verlo o Verte.

Tengo una mirada tan triste como una rosa negra muerta.

Con frecuencia camino por las calles,solo.

Mire tanto en la dirección derecha como en la izquierda.

Además, en el pasado.

Así mismo lo que observo constantemente.

Es algo que nunca había visto antes.

Y soy plenamente consciente.

Entiendo cómo conseguir el shock necesario.

Como quien da a luz a un niño, sí.

Fue realmente reparado en su nacimiento.

Cada momento me siento como un recién nacido.

Para la interminable novedad del mundo.

Tengo una fe en el mundo como una rosa roja.

Puedo verlo, por lo tanto. Sin embargo, no pienso en él.

Ya que comprender no es lo mismo que pensar.

El mundo no fue creado para que pensáramos en él.

Pensar es como estar harto de tus ojos.

Y eso seria un delito.pues tus ojos son mi vida mi esperanza o al

menos eso creo como poeta ingenuo y tonto.

Oh, qué trabajo es para mí.

¡Te adoro tanto como me adoro a mí mismo!

Me duele desde el aire por tu amor.

tu corazón.

así como el sombrero.

¿Quién me compraría?

esta daga que estoy usando.

y la melancolía de este hilo.

blanco, para crear pañuelos?

26.Amor Es Pureza.

SINO RECONOCERNOS EN ÉL.

NO TENGO UNA FILOSOFÍA: SÓLO TENGO SENTIDOS.

NO ES PORQUE ENTIENDA QUÉ ES LA NATURALEZA QUE HABLO DE ELLA.

SI NO FUERA POR EL HECHO DE QUE LA ADORO, Y LA ADORO POR ESO.

PORQUE UN AMANTE NUNCA ES PLENAMENTE CONSCIENTE DE SUS PASIONES.

NO COMPRENDE LA NATURALEZA DEL AMOR NI LAS RAZONES QUE HAY DETRÁS DE ÉL.

EL AMOR ES PUREZA SIN FIN.

Y LA ÚNICA FORMA DE INOCENCIA ES LA APATÍA.

27.El Idioma De Las Rosas.

Apoyado contra la ventana mientras caía el anochecer.

Y que hay campos por delante, de los cuales ustedes son conscientes.

Leí hasta que me dolieron los ojos.

El libro del idioma de las rosas.

Me siento tan mal por ella.

Que era unaprisionero que podía vagar libremente por la ciudad.

Sin embargo, la forma en que consideraba las casas.

Y la forma en que observaba las calles.

Además, su nivel de interés en diversos temas.

Es la persona la que escanea los bosques.

Y quién escanea la zona por donde viaja.

También observa las rosas en el fuego.

Se sintió muy deprimido por esto.

Que nunca menciona el hecho de que lo había hecho.

Pero paseaba por la ciudad como se pasea por el campo.

Más triste que diseccionar flores en los libros.

Así como plantas en contenedores.

Muéstrame.

Recréame en mi imaginación.

Minuciosamente,.

Amame siempre.

Simular a un   fuego.
Un fuego de amor inmortal.

28.Llego Tu Tormenta.

Esta tarde llegó la tormenta.

Junto a las costas paradisíacas.

Una roca enorme, tal vez.

Probablemente proveniente de una ventana alta.

Yo arreglaría mi mente y corazon escribiendo poemas.

Y todas las migas combinadas.

Cuando cayeron, hicieron un ruido.

Desde el cielo, la lluvia caía a cántaros.

Y tiñó las calles.

Cuando el aire fue sacudido por un rayo.

También se extendieron por toda la zona.

Como una cabeza grande que dice "no".

No tengo idea de por qué no sentí miedo.

Comencé a suplicarle a Santa Bárbara.

Como si fuera la tía anciana de alguien.

Oh, ¿le están suplicando a Santa Bárbara?

Me sentí aún más básico.

Por lo que percibo.

Experimenté una sensación de comodidad y familiaridad.

Peroo llego tu tormenta a mi halma y este dolor intenso.

No puedo calmarlo ni entenderlo sera el amor.

SI TODAS LAS ESTRELLAS DESAPARECIERAN O DESAPARECIERAN.

DEBERÍA PRACTICAR MIRAR HACIA UN CIELO DESPEJADO.

Y EXPERIMENTAR LA OSCURIDAD ABSOLUTA Y SUBLIME.

AUNQUE ME LLEVE ALGO DE TIEMPO.
ESTA TORMENTA DE FUEGO Y DOLOR.

29.Mi Concepto.

El acto de no pensar en nada contiene mucha metafísica.

¿Es el mundo lo que creo que es?

¿Quién soy yo para juzgar lo que pienso del mundo?

Lo consideraría si enfermara.

¿Qué concepto tengo de las cosas?

¿Qué puntos de vista tengo sobre las causas y los efectos?

En lo que he pensado es en Dios y el alma.

¿Qué pasa entonces con la creación del mundo?

No estoy seguro. Tengo que cerrar los ojos para contemplarlo.

y no pensar. Está cerrando las persianas.

OSCURO fuera de mi ventana.

Poesias,Amor en canciones,Tristexa.

Cine o Pasion.

Riquezas y Pobreza.

Sera mi concepto.

30.A Mi Mismo Mi Dolor.

Se desconoce cuántas almas poseo.

Cada segundo cambiaba.

Sigo extrañándome a mí mismo.

Nunca me he visto ni conocido a mí mismo.

Sólo tengo el alma de tantos seres diferentes.

Cualquiera que tenga alma no se siente cómodo.

Lo único que una persona puede ver es lo que ve.

Ya no es quien era antes; ahora es quien siente.

Ser consciente de mi entorno.

No me giro; ellas hacen.

Todos y cada uno de los deseos.

Si nació allí. no es mío.

Mi entorno es quien soy.

La persona que contempla su paisaje.

Diversos, independientes y móviles.

No estoy seguro de cómo sentir mi entorno

Soy bueno y malo lo se.

Lloro y rio.

Soy Amargo y Dulse.

Mas Amor que odio siempre.

Pero no me conosco entre lobos.

Mis Poemas siempre inmortales.

Como mis canciones y pinturas.

31.Sin Pensar.

Sin pensar en ella

pero la siento cada momento.

Como dentro de mi corazon.

Un dolor tan grande.

Que ni en 100 libros puedo expresar.

Este amor tan grande por ti.

No me comprendes o quizas si no lo se.

Llorare y llorare solo se eso.

No puedo corresponder a tu amor porque es tan grande.

Te lo ruego, que los cielos te recompensen abundantemente.

Por tanto, sigamos amando mientras podamos.

Que incluso después de morir, seguimos existiendo.

32.

SE MUESTRA CONSTANTEMENTE EN SUS MEDALLAS.
ADEMÁS, CON LOS OJOS ENTREABIERTOS Y ENFOCADOS.
ORIGINADO EN EL PASADO.
SU FAMOSA FÓRMULA DE MASA.

COMPRENDIENDO AUTOMÁTICAMENTE.

UN DESEO DE LLORAR.
Y, SUJETO A ESTIRAMIENTO COMO OBJETO.
SUDA, MATA Y MEJORA COMO CARPINTERO.
LUEGO CANTA, ALMUERZA Y ABRÓCHATE LOS BOTONES.

CONSIDERADO TAMBIÉN.
ESA MUJER ES ESPECIAL.
SIN EMBARGO, CUANDO SE DIO VUELTA, ME GOLPEÓ EN LA CABEZA CON SU TRISTEZA.

POR ÚLTIMO, ECHE UN VISTAZO.
EL BAÑO DE ÉL, LOS PEDAZOS DE ÉL QUE SE ENCONTRARON.
SU INTENTO DESESPERADO DE BORRARLO AL FINAL DE SU HORRIBLE DÍA.

COMPRENSIÓN.
QUE LA AMO, QUE ÉLLA ENTIENDE.
QUE LO DESPRECIA CON CARIÑO Y.

33.La Luz.

Hay días, muchas ganas, políticas, creo.

Besar sus dos caras con amor y cariño.

Y un impulso se siente muy lejos.

Mostrando fuerza o grado del deseo de amar de otro.

El joven que rompe su papel, el que me desprecia.

Aquel por quien llora, aquel por quien lloró.

Al siervo del agua y al rey del vino.

A ella que se escondió en su furor.

Al que se empapa de sudor, pasa y se sacude en mi alma.

Por lo tanto, quiero hacer adaptaciones para ella.

Su trenza, a la persona que me habla; su cabello, su pelo.

El grande recibe la luz de él; el niño recibe la grandeza de él.

Amarte directamente es lo que quiero hacer.

Como un pañuelo con los ojos secos.

Y cuando estoy feliz o triste, duele.

Los niños y los genios deben ser sanados.

Con amor real como el de esta mujer.

34.Quiero.

Quiero ayudar al bueno a convertirse un poquito en el malo.

Y debo sentarme.

Responder al mudo con la mano derecha del zurdo.

Estoy intentando ayudarte.

De lo que soy capaz y lo que realmente quiero.

Era el pie tullido.

Y ayúdalo a dormir al siguiente tuerto.

Al Pobre al triste,al sin dinero.

Pero este mundo es duro y cruel.

Lleno de ravia y dolor traicion.

Asin mis actos solo dios los be y usted si desea.

Amrte quiero pero no me pidas quien soy.

Porque sufri y luche mucho.

Este mundo no tiene solucion.

No me juzgues solo soy amor.

The Mika King.

35.Deseo Tanto

Ah, deseo tener este mundo para mí solo.

Proyecto, interhumano y localizado!

En concreto, mi pelo.

Desde cero, desde la ingle en general.

Y te dan ganas de besarlo cuando está lejos.

La bufanda del cantante.

Besa a la persona que sufre en su sartén.

En su rumor craneal, el sordo permaneció imperturbable.

Quien me da las cosas que dejé en mi vientre.

En sus hombros, en su DOLOR y en su CORAZÓN.

Deso tanto dinero riquezas fama logros mujeres hijos.

Deseo libros musica pinturas.

Deseo exitos un mundo mejor.

Ah mis deseios ban y bienen.

Pero mi mayor deseo tu amor real de mujer.

Mi biblia mi mayor consuelo.

Dios mi protector.

Hoy encuentro que la vida es mucho menos placentera.

Lo he dicho antes, pero siempre prefiero vivir.

Me contuve después de casi tocar la parte de todo lo que poseo.

con un tiro de lengua detrás de mis palabras.

Todos los días, todas las noches y todas las mañanas tengo el corazón mal.

Es posible que el ser humano, la maldad, la traición y tanto sufrimiento no sean

de este mundo turbio,triste,oscuro,frio.

Deseo lo mejor,Deseo tu amor.

Mis deseos solo sueñños son,o no.

36.Tanta Vida Dura.

Mi musica letras y canciones.

Mi vida tan dura triste.

Solo tengo a Dios y mis hijos.

Amor real.

Tanta vida dura.

Acaso me lo meresco.

Un mundo lleno de tentaciones y dolor.

Fuego y fuego.

Solo quiero amor real.

37.En Tus Hojos.

En tus ojos, virgen, arde un misterio.

esquivar y aliarse.

No estoy seguro si el incendio es causado por amor u odio.

suministro interminable de tu aliaba negra.

Mientras sea una sombra, me seguirás.

mi cuerpo y mis pisadas en la arena.

¿Eres tú el agua en mi camino o el que tiene sed?

Dime, esquiva compañera y amor.

Elimina este sufrimiento.

No ves que escribo poemas por ti.

Que no puedo Dormir por ti.

Tu dolor Me Ase estar asin en este infierno.

Quizas algun dia me ames de verdad.

No lo se .

Dime que are con este dolor tan grande.

EL IDIOMA DE LAS ROSAS

Todos Los Poemas Escritos Por Michael Spehner Ortiz. Ilustraciones e Idea Michael Spehner Ortiz - The Mika King.

Michael Spehner Ortiz.
The Mika King,2023.Spain.
GMAIL. themikakingxx@gmail.com
Instagran-@themikakingsupremo
TIK TOK -@themikakingart
Facebook.Mickael Sphner Ortiz - The Mika King
Youtube- The Mika King
2023,Primera Edicion,Spain.

Dedicado....

A mi Dios Siempre Grande Fuerte Todo
Poderoso....
Mi Protector Gracias
Mi Hijo Feliz Cumpleaños 2 Años Hoy
Mismo Te Quiero Mathias...
Ami otro hijo Dario...
A Mis Fans....
Los Amantes De La Poesia El Arte
Real...
Mis Ayudantes De Corazon y Reales...
A Los Que Lucharon Con Migo De
Verdad....Inmortales...
A Mi Padre Descansa En Paz,Abuelos.
A Mi Madre....
Mi Famili,Solo Los Que Me Aman De
Verdad y Corazon y No Por Dinero.
Por Los Hipocritas y Falsos Que No
Creyeron En Mi y Mis,Proyestos La
Verdad Manda.
Rosas Marchitas...Libro Inmortal..
Solo Amor,Pureza,Verdad,Corazon
Sentimiento...Dolor Lagrimas.
Esperanza Halma Vida...
The Mika King,Spain.2023.